AF224171

AU
PETIT BONHEUR

COMÉDIE EN UN ACTE EN PROSE

PAR

M. PROSPER POITEVIN

REPRÉSENTÉE POUR LA PREMIÈRE FOIS A PARIS

SUR LE THÉATRE ROYAL DE L'ODÉON (SECOND THÉATRE-FRANÇAIS)

Le 15 Mai 1847

Prix : 60 centimes.

PARIS

CHEZ TRESSE, ÉDITEUR, PALAIS-ROYAL

GALERIE DE CHARTRES, 2 ET 3

1847

Yth. 252

AU PETIT BONHEUR,

COMÉDIE EN UN ACTE EN PROSE,

PAR

M. PROSPER POITEVIN.

Représentée pour la première fois, à Paris, sur le Théâtre Royal de l'Odéon (Second Théâtre Français),
le 15 mai 1847.

DISTRIBUTION DE LA PIÈCE.

LE COMTE D'HERVILLY.	M. JOURDAIN.	LA COMTESSE, jeune veuve.	Mme DELVIL.
LE MARQUIS DE NUJAC.	M. BLAISOT.	NÉRINE, suivante de la Comtesse.	Mlle BONVAL.
DUBOIS, valet du Comte.	M. VICTOR-HENRI.	UN DOMESTIQUE de la Comtesse.	

Le théâtre représente un petit salon élégant; deux portes et deux fenêtres latérales; une porte au fond donnant sur un parc.—A gauche, une table et tout ce qu'il faut pour écrire; à droite, une toilette avec plumes, papier et encre.

(La scène se passe chez la Comtesse, dans un château à quelques lieues de Paris.)

SCÈNE PREMIÈRE.

LA COMTESSE, assise.

Onze heures.... Le comte devrait être ici.... Oh! si mon frère et le marquis arrivaient sans qu'il fût là.... que dire et que faire...? Le président exige que je prenne une prompte résolution. Prolonger mon veuvage, ce serait, dit-il, donner prise à la médisance.... Le monde ne croit pas qu'une femme de vingt ans puisse bien user de sa liberté.... Je ne demanderais pas mieux que de me remarier.... mais je voudrais pouvoir suivre mon goût.... Ah! si mon cousin!... Il doit s'être mis en route après avoir reçu ma lettre.... et dans une heure au plus tard.... Mais si je m'étais trompée dans mes calculs.... et si je ne lui avais pas donné le temps.... (Elle s'accoude et rêve.)

SCÈNE II.

NÉRINE, LA COMTESSE, assise.

NÉRINE, du fond.

Encore là, rêvant... Comme ce château est gai depuis huit jours.... Si Dubois et son maître ne s'empressent de revenir.... ils nous trouveront maigries de plus de moitié.... c'est sûr. (A la comtesse.) Est-ce que madame la comtesse est souffrante?

LA COMTESSE.

Non, Nérine, non... je réfléchis....

NÉRINE.

Veuve qui songe, pense, dit-on, à un mari. A cet air de gaieté plus que douteuse, je gagerais bien que ce n'est pas là ce qui vous occupe.

LA COMTESSE.

Tu aurais tort de gager.... tu perdrais.

NÉRINE.

Comment? il est question de mariage, et madame ne m'en a rien dit?

LA COMTESSE.

Je connais ton amitié... et je n'ai pas voulu te faire de la peine.

NÉRINE.

De la peine!... Mon attachement pour M. le comte vous est connu, et...

LA COMTESSE.

Tu es une bonne et excellente fille... mais, Nérine, il n'est pas question de M. d'Hervilly.

NÉRINE.

Et de qui donc?

LA COMTESSE.

D'un marquis de Nujac, que mon frère le président est venu me proposer, il y a huit jours.

NÉRINE.

Votre frère... S'il se mêle de vos affaires, soyez-en bien convaincue, c'est que par là il trouve moyen de faire les siennes.

LA COMTESSE.

Je le connais. (Elle se lève.)

NÉRINE.

Il ne serait pas fâché, au moyen de ce mariage, de jouer un tour à votre cousin... L'influence du comte le gêne... et depuis longtemps il travaille à s'en affranchir.

LA COMTESSE.

Il s'abuse grandement, s'il s'imagine que je prendrai un parti sans l'assentiment de M. d'Hervilly.

NÉRINE.

Cela étant, je suis tranquille... Mais ce marquis, est-il jeune?

LA COMTESSE.

Je l'ignore.

NÉRINE.

Est-il agréable de sa personne?

LA COMTESSE.

Je n'en sais absolument rien.

NÉRINE.

Enfin, est-il riche?

BIBLIOTHÈQUE ROYALE

LA COMTESSE.
Oh! pour cela... je ne le sais pas davantage.

NÉRINE.
Il paraît que le président vous a donné tous les renseignements désirables... Et quand doit-il vous le présenter?

LA COMTESSE.
Aujourd'hui même.

NÉRINE.
Quoi? tandis que M. d'Hervilly est au fin fond de la Touraine, vous consentez à recevoir...

LA COMTESSE.
Quelle idée! Depuis huit jours j'ai écrit au comte, en le suppliant de revenir en toute hâte.

NÉRINE.
A merveille! Et il vous a répondu...

LA COMTESSE.
Non... Aussi je l'attends.

NÉRINE.
Voilà une confiance qui vous fait honneur à tous deux.

LA COMTESSE.
Crois-tu qu'il me conseille d'épouser le marquis, Nérine?

NÉRINE.
Lui? Par exemple, il vous aime trop pour cela.

LA COMTESSE.
Ah! s'il m'aimait seulement assez.

NÉRINE.
En doutez-vous?

LA COMTESSE.
Je ne doute pas, mais je crains... Et puis, il ne m'a jamais dit un mot de son amour.

NÉRINE.
Il vous en a donné tant de preuves qu'il a cru pouvoir se dispenser de vous en parler.

LA COMTESSE.
Ah! Nérine, s'il était vrai!

NÉRINE.
Mais oui, je m'y connais... On n'est ni si empressé ni si assidu auprès d'une femme quand on n'a pour elle que de l'amitié.

LA COMTESSE.
L'apparence, je l'avoue... Mais pourquoi ne m'avoir pas dit : « Ma cousine, je vous trouve char-« mante, et je vous aime... Si jamais vous songez « à vous remarier, souvenez-vous de cet aveu, et, « je vous en supplie, accordez-moi la préférence. » C'était fort simple à dire, et maintenant je saurais à quoi m'en tenir.

NÉRINE.
Allez, allez, aujourd'hui qu'on le met en demeure de s'expliquer, il parlera de façon à vous contenter, si difficile que vous puissiez être.

SCÈNE III.

LES PRÉCÉDENTS, UN DOMESTIQUE.

LA COMTESSE, au domestique.
Qu'est-ce?

LE DOMESTIQUE.
Madame la comtesse, c'est le valet de M. d'Hervilly; il demande...

LA COMTESSE, vivement.
Dubois!.. Et il est seul?

LE DOMESTIQUE.
Seul... Il a, dit-il, à parler à l'instant à madame, de la part de son maître.

LA COMTESSE.
Faites entrer. (Le domestique sort.) Tu te trompais, Nérine; si le comte m'aimait, il se serait empressé d'accourir, au lieu d'envoyer... (Elle va s'asseoir.) (Dubois entre par le fond.)

SCÈNE IV.

NÉRINE, DUBOIS, LA COMTESSE.

DUBOIS, saluant.
Madame la comtesse... (A demi-voix.) Bonjour, Nérine. (Il lui envoie un baiser.)

NÉRINE, brusquement.
Bonjour.

DUBOIS, de même.
Eh! mon Dieu, mon enfant, qu'est-il arrivé? Aurais-tu du chagrin?

NÉRINE, de même.
Ma maîtresse en a beaucoup.

DUBOIS, de même.
Ce qui veut dire que tu es en proie à une tristesse de seconde main... C'est moins alarmant.

LA COMTESSE, assise.
Dubois?

DUBOIS.
Madame?

LA COMTESSE, de même.
Est-ce que le comte... n'aurait pas... reçu,.. une lettre de moi?

DUBOIS.
Pardonnez-moi, madame, car c'est moi-même qui la lui ai remise.

LA COMTESSE, de même.
Ah!.. ah!.. il l'a reçue?..

DUBOIS.
Et aussitôt décachetée... Puis, après l'avoir lue rapidement, il l'a relue avec une attention... oh! mais singulière... Ensuite, il a demandé des chevaux de poste, et, cinq minutes après, nous étions en route.

LA COMTESSE, se levant.
Eh! quoi? le comte est ici?

DUBOIS.
Il y sera dans quelques instants... Une affaire pressée, et qui vous intéresse, m'a-t-il dit, l'a forcé de s'arrêter à Versailles, chez votre procureur... et je suis venu, en courrier, pour vous annoncer son arrivée.

LA COMTESSE.
Merci... grand merci, Dubois... (A part.) Ce brusque passage de la tristesse à la joie... c'est étrange... je suis heureuse... et j'éprouve je ne sais quel besoin de pleurer.

NÉRINE, bas à Dubois.
Voilà qui va déjà mieux... grâces à toi.

DUBOIS, de même.
Je dispose, à ce qu'il paraît, de remèdes très-secrets... car j'ignore...

NÉRINE, à la comtesse *.
Eh! bien, madame?...

LA COMTESSE.
Je sens que l'espoir me revient.

NÉRINE.
Ah! ça, Dubois, toi qui connais à peu près tout

____
* Dubois, Nérine, la Comtesse.

le monde, as-tu jamais ouï parler d'un certain marquis de... de...

LA COMTESSE.

De Nujac?

DUBOIS.

Je le crois bien, vraiment... c'est l'homme de France que je connais le mieux.

LA COMTESSE.

Toi!

DUBOIS.

C'est-à-dire que je le sais par cœur... Je l'ai étudié trois ans durant... et cette étude-là m'a coûté quinze cents livres.

LA COMTESSE.

Quinze cents livres!

NÉRINE.

La bonne plaisanterie.

DUBOIS.

Rien n'est plus sérieux... J'ai été, pendant trois années, attaché à sa personne en qualité de valet de chambre... La première année, il me donna... ou plutôt il me promit quatre cents francs de gages, ce qui était magnifique... la seconde, il m'accorda très-généreusement la promesse d'une augmentation de cent livres... enfin, la troisième, une pareille augmentation me fut... pareillement promise... Or, comme du jour de mon entrée à celui de ma sortie je n'ai pas touché un seul double, et que quatre, cinq et six, bien additionnés, donnent quinze pour total, il en résulte que c'est quinze cents livres que me coûte la connaissance du noble marquis.

LA COMTESSE.

M. de Nujac est donc mal dans ses affaires?

DUBOIS.

Je l'ignore... madame... Tout ce que je sais, c'est qu'au moyen des dettes qu'il contracte chaque année, il arrive toujours à se faire une sorte de revenu de cent mille écus au moins; on ne peut pas dire précisément qu'il soit gêné.

LA COMTESSE, à part.

Eh! bien, je dois savoir gré à mon frère du choix qu'il a fait.

NÉRINE.

Et quel est à peu près son âge, Dubois?

DUBOIS.

Oh! cela est très-difficile à apprécier... Il n'est pas vieux, tant s'en faut; mais il y a bien trente ans au moins qu'il a cessé d'être jeune.

NÉRINE.

Diable!.. mais cet homme-là vaut son pesant d'or.

DUBOIS.

Au dire de ses créanciers, il vaut même davantage.

NÉRINE.

Je conçois que tu l'aies quitté.

DUBOIS.

Eh! mon Dieu, je suis tellement homme d'habitude que je serais très-probablement encore à son service si un événement extraordinaire... Mais pardon, madame la comtesse, j'allais raconter devant vous...

LA COMTESSE.

Va toujours, raconte; tout ce que tu dis là m'intéresse plus que tu ne penses...

DUBOIS.

Figurez-vous, madame, qu'un matin, il se présente chez le marquis un homme tout noir, qui, sans préambule, m'annonce qu'il est mort près de Beaugency un honnête vieillard qui, par testament, m'a institué son unique héritier... Il paraît que, sans le savoir, j'étais son neveu... lui, par bonheur, n'avait pas oublié qu'il était mon oncle... et plein de la plus tendre sollicitude, cet estimable parent m'avait arrangé, en accumulant sou sur sou, un petit magot tellement rondelet qu'après avoir passé par les loyales mains d'une vingtaine de gens de loi, le susdit magot a pu encore arriver dans les miennes sous la forme rebondie de douze mille livres en bons écus.

NÉRINE.

Mais c'est une fortune.

DUBOIS.

Comme les valets n'ont pas souvent de pareilles aubaines, cela fit du bruit... L'intendant de M. de Nujac en eut vent un des premiers... il m'engagea à lui remettre mes fonds en m'assurant qu'il les garderait... La proposition me fit peur... Ne pas recevoir d'argent, passe encore... mais donner le mien, c'eût été vraiment par trop sot... Aussi je me hâtai de déposer les épargnes de mon oncle en lieu sûr... et comme j'étais trop riche pour servir gratis, un beau jour je détalai de chez le marquis.

NÉRINE, à part.

C'est singulier, comme ce garçon m'a toujours plu.

LA COMTESSE.

Ainsi, tu es riche?

DUBOIS.

Je suis à mon aise... A la rigueur, je pourrais vivre de mon revenu... mais comme il faut bien faire quelque chose... je sers encore... en amateur.

LA COMTESSE.

C'est fort bien fait à toi... d'autant que chez M. d'Hervilly tu dois ajouter chaque année quelque chose à tes économies.

DUBOIS.

Oh! voilà, par exemple, un magnifique seigneur... On peut dire de lui que, sans avoir un seul des défauts communs à tous les autres gentilshommes, il a toutes les qualités qui leur manquent... il paye toujours ses gens d'avance, ce qui souvent ne l'empêche pas de les payer encore après... Aussi, il y a plaisir à le servir.

NÉRINE, tendrement à Dubois.

Mon Dieu, comme ça fait de bien de savoir heureux les gens qu'on aime!

DUBOIS, de même.

Oui; mais quelque chose fait plus de bien encore, c'est de penser que de son bonheur on pourrait aisément faire deux parts, et...

NÉRINE, l'interrompant.

Une voiture entre dans la cour.

DUBOIS, à la fenêtre.

C'est monsieur le comte.

LA COMTESSE, à part.

Enfin! (à Nérine.) Laissez-nous.

NÉRINE, bas à la comtesse.

Je vais faire la leçon à Dubois; grâce à ses anciennes relations avec M. de Nujac, il pourra, j'espère, vous servir auprès de son maître, et...

LA COMTESSE.

Va, Nérine, et compte sur ma reconnaissance.

NÉRINE, à Dubois.

Tu dois être fatigué, Dubois, si tu voulais te rafraîchir?

DUBOIS.

Très-volontiers ; je profiterai même de l'occasion pour me restaurer un peu. (Ils sortent à droite.)

SCÈNE V.

LA COMTESSE, LE COMTE.

LA COMTESSE, allant au-devant du comte.

Ah! mon cousin, que j'ai de grâces à vous rendre... Il était impossible de répondre à mon appel avec plus d'empressement.

LE COMTE.

En êtes-vous surprise, comtesse?

LA COMTESSE.

Non, mais j'en suis bien heureuse!

LE COMTE.

Que s'est-il donc passé en mon absence? Et en quoi avez-vous si grand besoin de mes conseils?

LA COMTESSE.

Devinez, je vous le donne en mille.

LE COMTE.

Vous le savez, quand je me lance dans le champ des suppositions, je fais presque toujours fausse route... Ainsi il est plus court de me dire tout de suite ce dont il s'agit.

LA COMTESSE.

Vous avez raison... Apprenez donc que deux jours après votre départ, mon frère m'est venu voir.

LE COMTE.

Le parlement est en vacances... il est tout naturel...

LA COMTESSE.

Qu'il se soit dérangé seulement pour me voir, non.

LE COMTE.

Alors c'est une démarche et non une visite qu'il a faite.

LA COMTESSE.

Précisément. Il venait au nom du marquis de Nujac me demander ma main.

LE COMTE.

Votre main !... J'avoue que j'étais à cent lieues de prévoir... Mais, qu'avez-vous répondu?

LA COMTESSE.

On est toujours maladroite quand on est prise au dépourvu... J'ai dit que ce mariage me semblait impossible, attendu que je ne connaissais pas le marquis... A quoi mon frère a répondu, avec toute la grâce qui distingue les gens de robe, que j'aurais tout le temps de le connaître quand je serais sa femme... Indignée d'un pareil propos, je répartis alors que je me trouvais heureuse et que je tenais à rester libre... A ce mot, le président a été saisi d'une agitation si violente et qui contrastait si fort avec ses habitudes contenues, que j'en ai été atterrée... Il s'est levé brusquement et s'est mis à marcher à grands pas, en agitant les bras et en roulant des yeux effroyables... si bien qu'il m'a fait peur et m'a arraché la promesse...

LE COMTE.

D'épouser le marquis?

LA COMTESSE.

Non; mais de me remarier dans un très-court délai.

LE COMTE.

Et ce M. de Nujac, vous l'avez vu?

LA COMTESSE.

C'est aujourd'hui que mon frère doit me le présenter... J'ai différé cette entrevue jusqu'au moment où j'ai cru votre retour possible.

LE COMTE.

Mais je ne vois pas en quoi ma présence peut vous être utile, ni ce que vous pouvez attendre de moi... Puisque vous avez promis...

LA COMTESSE.

Je vous le répète, j'ai promis de me remarier, mais non d'épouser le marquis.

LE COMTE.

J'admire la distinction. Eh! mon Dieu... que vous épousiez le marquis ou tout autre, qu'importe? Pour vous le résultat sera le même, vous serez malheureuse...

LA COMTESSE.

Eh! quoi, vous supposez...

LE COMTE.

Je ne suppose rien... A la façon dont on entend le mariage aujourd'hui, il est impossible qu'il en arrive autrement... Si l'hymen était comme autrefois un engagement sérieux et respecté... il y a longtemps que je vous aurais proposé pour époux un homme qui, dans un autre temps... Mais aujourd'hui je n'ai pas dû y songer...

LA COMTESSE.

Mais, cette personne, quelle est-elle?

LE COMTE.

A quoi bon vous la faire connaître?

LA COMTESSE.

Ce secret m'intéresse à coup sûr autant que vous... et vous m'en devez au moins la moitié.

LE COMTE.

Si vous tenez beaucoup à la connaître, cette personne-là... c'est moi.

LA COMTESSE.

Vous !!

LE COMTE.

Moi! mais, pour être votre mari, sachez-le, je vous aime... je vous aime trop. En devenant votre époux, je serais condamné, par respect humain, à renoncer à nos doux entretiens, à nos longues et charmantes causeries; il ne me serait plus permis de vous aimer... à mon aise; car l'amour qu'un mari a pour sa femme est aujourd'hui, pour tous, un sujet de dérision et de moquerie.

LA COMTESSE.

Savez-vous bien, mon cousin, qu'en dépit de sa forme étrange, la déclaration que vous me faites est on ne peut plus galante... Je connaissais votre dévouement, mais j'ignorais...

LE COMTE.

Eh! pourquoi vous aurais-je parlé de mon amour? devais-je essayer de vous le faire partager, quand je ne pouvais en espérer un légitime retour...? Non... Mon estime me défendant toute idée de séduction, et ma tendresse toute pensée de mariage, j'ai dû me résigner au rôle d'ami... Et la raison me commande de m'en tenir à ce rôle, si modeste qu'il soit.

LA COMTESSE.

C'est fort bien fait à vous, sans doute, et je dois

vous approuver... Cependant, si je me marie, je crains que nos relations habituelles n'aient beaucoup à en souffrir.

LE COMTE.

Et pourquoi?

LA COMTESSE.

Notre intimité, d'abord, pourrait causer à M. de Nujac quelque peu d'ombrage... et je doute qu'il s'accommode volontiers d'un perpétuel tête à tête à trois.

LE COMTE.

C'est lui supposer bien de l'amour que de le croire capable de jalousie.

LA COMTESSE.

Admettez que je lui sois indifférente, et qu'il n'éprouve aucun déplaisir de vos assiduités... Dans ce cas, je vous le demande, croyez-vous qu'après l'aveu que vous venez de me faire j'aie assez peu de souci de mon honneur et de mon repos pour admettre chaque jour, près de moi, un homme dans lequel il me serait impossible de voir seulement un ami?

LE COMTE.

Eh! quoi! vous pourriez me sacrifier...

LA COMTESSE.

A mon devoir, sans hésitation, mais à mon devoir seul.

LE COMTE.

Ainsi, vous immoleriez à un homme inconnu la veille, à un étranger devenu votre époux, celui...

LA COMTESSE.

Écoutez-moi bien, M. le comte : votre amitié m'est chère; je lui dois de si douces et de si pures jouissances, que sans d'impérieuses raisons de famille, elle eût été sans doute la plus vive et fût restée la dernière affection de mon cœur... Mais, quoi qu'il m'en puisse coûter, une fois mariée, j'aurai la force d'y renoncer, car quel que soit celui que j'épouse, je veux, s'il m'aime, me montrer digne de sa tendresse, et, quels que soient ses sentiments pour moi, mériter son estime à force de dévouement.

LE COMTE.

Pourquoi faut-il que le mariage ne puisse nous assurer le bonheur que j'ai rêvé... Je ne doute pas de vous, croyez-le bien; mais je me connais : ce qu'aujourd'hui le monde exige d'un mari, ce qu'il lui impose de lâches complaisances, j'en suis incapable... Vivre au sein de cette société futile, dont le contact est mortel aux nobles instincts de l'esprit comme aux chastes penchants du cœur, cela me serait impossible... La retraite et l'isolement, voilà ce qui convient à mon caractère et à mes goûts... Les plaisirs bruyants me déplaisent, j'aspire après un bonheur calme et sérieux... Mais ce bonheur, on ne peut l'obtenir que par des sacrifices...

LA COMTESSE.

Dont vous me croyez incapable.

LE COMTE.

Non, mais que je ne dois pas vous demander... Vous êtes jeune, ma cousine, et dans l'avenir ouvert devant vous... il est bien des jours qui pourraient laisser place à un regret.

LA COMTESSE.

Ah! mon cousin!!!

SCÈNE VI.

LES PRÉCÉDENTS, NÉRINE.

NÉRINE, accourant.

Madame, le président vient d'arriver... M. de Nujac l'accompagne... Ils demandent...

LA COMTESSE.

Conduis mon frère au salon... et prie le marquis d'entrer ici un moment. (Nérine sort.)

SCÈNE VII.

LA COMTESSE, LE COMTE.

LA COMTESSE.

Comte, un mot encore... M. de Nujac va venir... Il vous suffira d'un instant pour le juger... Recevez-le, causez avec lui, et décidez vous-même quel parti je dois prendre.

LE COMTE.

Eh! quoi, vous voulez...

LA COMTESSE.

Je vous en prie.

LE COMTE.

Je vais l'attendre.

LA COMTESSE.

Merci... car il m'eût été pénible de prendre une résolution sans être éclairée de vos conseils... Encore une fois, merci. (En s'en allant.) Tout n'est pas désespéré... il m'aime!!! (Elle sort à gauche.)

SCÈNE VIII.

LE COMTE seul.

Il faut avouer qu'il était difficile de mettre plus d'empressement que je ne l'ai fait à courir au-devant d'une mauvaise nouvelle... Étrange situation que la mienne! Se sentir au fond du cœur l'amour le plus ardent; savoir cet amour partagé, et reculer à l'idée d'une possession qui, dans tout autre temps, eût fait le charme de ma vie... Ma pauvre cousine, on la sacrifie! et ce marquis.! Ah! ça, mais que lui dirai-je?... Je ne puis prendre avec lui les airs d'un tuteur qui a intérêt à se bien renseigner... Un pareil rôle ne me convient pas... D'ailleurs, il mettrait tous ses soins à se montrer sous un jour favorable, et mes frais d'examen n'aboutiraient qu'à me rendre ridicule... Allons, allons, tout bien considéré, ce que j'ai de mieux à faire, c'est d'abandonner la place; oui, c'est le plus sage... Un mot à la comtesse, et éloignons-nous sans la revoir. (Il va à la table à droite et écrit en parlant.)

Ma chère cousine,

M. le marquis de Nujac porte un nom qui va de pair avec les plus grands noms; l'alliance qu'on vous propose ne peut donc être qu'honorable pour votre famille.

Le plus cher de mes vœux, c'est que vous soyez heureuse; puisse ce vœu se réaliser!

(Pendant qu'il cachette sa lettre, Dubois entre.)

SCÈNE IX.

DUBOIS, LE COMTE.

DUBOIS, au fond, à part.

Les affaires de la comtesse vont mal... et l'on m'envoie ici comme auxiliaire.

LE COMTE, l'apercevant.

Ah ! c'est toi... Tiens... (Se levant.) Porte à l'instant cette lettre à la comtesse... Ensuite, prépare tout pour le départ.

DUBOIS.

Eh ! quoi, monsieur, nous allons...

LE COMTE.

Nous remettre en route sur-le-champ.

DUBOIS, à part, en prenant la lettre.

Eh ! bien, j'ai fait une belle ambassade... (De manière à être entendu.) Je puis dire adieu à mes quinze cents livres. (Fausse sortie.)

LE COMTE, l'arrêtant.

Reviens... De quoi s'agit-il , et de quel argent veux-tu parler ?

DUBOIS.

D'une bagatelle pour M. de Nujac, si, comme le dit Nérine, il épouse la comtesse , mais d'une fortune pour un pauvre valet.

LE COMTE.

Le marquis te doit de l'argent ?

DUBOIS.

Malheureusement ; et il m'en devrait bien davantage si je n'y avais mis bon ordre.

LE COMTE.

Tu l'as donc servi ?

DUBOIS, soupirant.

Et avec un zèle qui méritait, à coup sûr, un traitement meilleur.

LE COMTE.

Comment se fait-il qu'il ne t'ait pas payé ?

DUBOIS.

Par suite d'une habitude qu'il a contractée depuis longtemps, de ne plus payer personne.

LE COMTE.

Le marquis est donc un homme ruiné ?

DUBOIS.

Oh ! percé à jour..., criblé de part en part ; n'ayant rien à lui, pas même la cape et l'épée ; il doit à ses fournisseurs , à ses gens , à ses amis , à tout le monde, enfin, à l'exception de ses maîtresses, vu que dans le galant commerce le crédit n'est pas encore admis, et que les moindres affaires se règlent toujours au comptant... ce qui l'enrage.

LE COMTE.

Ah ! c'est un homme à bonnes fortunes.

DUBOIS.

Aux meilleures fortunes... Et comme l'âge a considérablement amorti son ardeur et émoussé ses goûts, il lui faut les morceaux les plus rares et les plus friands pour le mettre en appétit... ce qui est cher.

LE COMTE, à part.

Ma pauvre cousine !

DUBOIS.

Aujourd'hui ses créanciers le laissent tranquille ; mais s'il se marie, dès le lendemain il peut s'attendre à de fameuses visites... Ce sera une vraie procession.

LE COMTE, de même.

La sacrifier ainsi ! !

DUBOIS.

Quelqu'un vient, c'est justement M. de Nujac.

LE COMTE, vivement.

Rends-moi cette lettre. (Il s'assied tout pensif.)

DUBOIS, à part.

Je crois que nous ne sommes pas encore partis.

SCÈNE X.

DUBOIS, LE MARQUIS, LE COMTE.

LE MARQUIS, du fond, en considérant le parc.

Le parc est magnifique... et sans en gâter la disposition ni l'aspect, on pourrait y faire une coupe de vingt mille écus au moins.. C'est par-là que je veux signaler ma prise de possession. (Apercevant Dubois.) Eh ! Dubois !... enchanté, vraiment, de te voir, mon garçon... Quoique tu m'aies abandonné, ce qui est mal, j'ai gardé de toi un si agréable souvenir, que si tu veux rentrer à mon service, je promets de te doubler tes gages.

DUBOIS.

Monsieur le marquis est bien bon...

LE MARQUIS.

Mais non, je te dois bien cela.

DUBOIS.

C'est vrai ; et je puis même dire que vous me devez davantage.

LE MARQUIS.

Hein ?

DUBOIS.

Mais comme aujourd'hui je suis dans une bonne condition, j'y tiens et j'y reste.

LE MARQUIS.

Je parierais, à ce langage , que tu t'es mésallié , et que, de valet de chambre d'un grand seigneur, tu t'es fait laquais de quelque obscur traitant.

DUBOIS.

C'est là ce qui vous trompe... car je suis au service de M. le comte d'Hervilly et...

LE COMTE, se levant.

Dubois, laisse-nous... Dans un moment tu reviendras prendre mes ordres. (Dubois sort.)

SCÈNE XI.

LE MARQUIS, LE COMTE.

LE MARQUIS, saluant.

C'est M. le comte d'Hervilly que j'ai l'honneur de saluer ?

LE COMTE, de même.

Lui-même, monsieur.

LE MARQUIS.

Pardon de ne vous avoir pas aperçu d'abord ; mais, à vrai dire, je vous croyais à cent lieues d'ici.

LE COMTE.

J'arrive, en effet, à l'instant.

LE MARQUIS.

Vous ignorez alors ce qui m'amène ?

LE COMTE.

La comtesse elle-même vient de m'en instruire.

LE MARQUIS.

Eh ! bien, j'en suis ravi... et tout d'abord je vous le dirai , sans le président, je n'aurais de ma vie pensé à cette alliance... Non que sa sœur ne soit une femme charmante, à ce qu'on dit... mais j'avais résolu d'achever dans le célibat une vie qui, jusqu'à ce moment, n'avait pu s'accommoder d'aucun engagement sérieux... Aussi, n'étaient certains motifs on ne peut plus graves...

LE COMTE.

Un amour subit, une de ces passions violentes...

LE MARQUIS.

Le ciel m'en préserve, et vous n'y êtes pas du tout. M. de Beaulieu m'a proposé sa sœur... elle est jeune, elle est riche : le parti m'a semblé avantageux, et j'ai accepté... de confiance... De l'inclination ! de la sympathie ! par exemple !

LE COMTE.

J'avais dû supposer...

LE MARQUIS.

Quelle plaisanterie ! épouser une femme par amour ; c'est une folie qu'on ne se permet qu'à vingt ans, et qui est pardonnable tout au plus à un robin ou à un petit bourgeois... Les gens qui s'enterrent au fond d'un ménage ont besoin de se connaître avant de s'épouser, c'est tout simple... mais nous, c'est autre chose : du moment qu'on nous propose une riche héritière, et que les convenances s'y trouvent, tout est pour le mieux : la figure, les qualités personnelles, qu'importe tout cela..?Une femme n'est pas une maîtresse ; et en nous mariant nous nous allions, mais nous ne nous lions pas.

LE COMTE.

En effet... aujourd'hui on reste libre et l'on mène joyeuse vie, tant qu'on n'a pas dissipé son patrimoine et qu'on trouve des usuriers faciles et des créanciers patients... mais quand on est à bout de ressources, et que les nécessités deviennent extrêmes, alors...

LE MARQUIS.

Eh bien, oui ; alors, on a recours au dernier moyen de salut... on se marie.

LE COMTE.

C'est-à-dire qu'on troque son nom contre une grosse dot... et, dès le lendemain, sans se souvenir ni se soucier de ses engagements de la veille, on recommence sa vie de dissipation et de désordres.

LE MARQUIS.

Ah ! comte, vous êtes d'une sévérité... Mais à quoi, je vous prie, servirait un grand nom, s'il ne pouvait procurer à ceux qui le possèdent les avantages qui leur manquent ?

LE COMTE.

Un mariage est-il le seul moyen...

LE MARQUIS.

Non, mais c'est le plus prompt et le plus facile.

LE COMTE.

Et le plus honorable, n'est-ce pas ?

LE MARQUIS.

Eh ! mon Dieu ! on n'a pas toujours la liberté du choix... et l'on fait ce qu'on peut quand on ne peut faire ce qu'on veut.

LE COMTE.

Dites mieux ; quand on ne sait pas faire ce qu'on doit.

LE MARQUIS, vivement.

Monsieur le comte !!... (Légèrement après une pause.) Tenez, j'aurais tort de me fâcher... car, après tout, si nos idées et nos sentiments diffèrent, cela tient uniquement aux douze ou quinze années que j'ai de plus et que vous avez de moins... et vous conviendrez que, de ce côté-là, je suis plus à plaindre qu'à blâmer... Quand je suis entré dans le monde, qu'ai-je fait ? je me suis laissé aller tout simplement au courant de mon siècle, et j'ai vécu comme chacun vivait autour de moi, sans me rendre compte s'il était possible de vivre ou autrement ou mieux...

Mes habitudes d'aujourd'hui, par malheur, ne datent pas d'hier, et je ferais de vains efforts pour les modifier... Ah ! si j'avais eu comme vous pour précepteur quelque abbé philosophe qui m'eût initié de bonne heure aux nouvelles idées de réforme, il est probable qu'au lieu de participer, comme je l'ai fait, aux folies de la cour, j'aurais mis mon bonheur à vivre loin du monde, au sein d'une douce retraite, dépensant modestement, chaque année, le tiers au plus de mon revenu... existence un peu monotone, il est vrai, mais essentiellement économique, et qui m'eût permis de rester jusqu'au bout dans la libre possession de moi-même... Mais il n'en a pas été ainsi ; j'ai dépensé mes jours, comme ma fortune, au hasard et sans compter... Par grand malheur, ma fortune est arrivée à sa fin la première... si bien qu'aujourd'hui, pour achever de vivre... je suis forcé d'engager ma liberté et d'enchaîner, comme on dit, mon sort à celui d'une femme quelconque, pourvu qu'elle soit riche.

LE COMTE.

La profession de foi est complète.

LE MARQUIS.

Et franche surtout... Le mariage est ma dernière ressource ; aussi ne suis-je entré dans les projets de M. de Beaulieu, qu'après avoir pris mes précautions et exigé toutes les garanties possibles... Il me croit sa dupe, mais il se trompe... Cette façon de mariage, imaginée par lui, est, je le sais, un moyen d'assurer à son grand benêt de fils, et contre toute chance de succession directe, la part de fortune restante à la comtesse... Ah ! que je rirais de bon cœur, si, trompant ses calculs, sa sœur me donnait un jour un tout petit héritier !!...Ce serait drôle, n'est-ce pas ?

LE COMTE, sévèrement.

Monsieur...

―――――――――――――――――――――――――――

SCÈNE XII.

NÉRINE, LE MARQUIS, LE COMTE.

NÉRINE, entrant par la porte, à gauche.

J'ai ordre d'introduire M. le marquis de Nujac.

LE MARQUIS.

Je te suis, mon enfant. (A part.) Elle est vraiment charmante. (Au comte.) Pardon, monsieur le comte ; mais, vous le voyez, les affaires me réclament, et j'ai hâte d'en terminer au plus tôt. (Il salue et sort, à gauche.)

―――――――――――――――――――――――――――

SCÈNE XIII.

LE COMTE, seul.

Quel cynisme ! Mais ce mariage est, des deux parts, une spéculation honteuse ; et je serais coupable, moi qui connais leurs projets, si je souffrais qu'ils l'accomplissent... Ah ! monsieur de Beaulieu, vous voulez que votre sœur se marie... Eh bien, soit... mais votre espérance sera trompée, car ce n'est pas le marquis de Nujac, mais moi qu'elle épousera.

(Il va à la table à gauche, et, écrit vivement ; puis il s'accoude un moment, comme absorbé dans une réflexion profonde... Enfin il se lève, tenant sa lettre à la main.)

Le parti que je prends est bien grave... J'aime et je me crois aimé... Mais l'amour de la comtesse pourra-t-il lui tenir lieu de tout, non pas demain ni dans quelques mois, mais toujours?... Une vie paisible lui plaira d'abord... mais si agréable qu'elle soit, il se peut qu'en se prolongeant elle lui devienne monotone, et qu'un jour elle se trouve malheureuse du bonheur où je l'aurai condamnée. Quelle alternative cruelle!!! (Arrivé près de la table à droite, il aperçoit sa première lettre.) Tiens, mon premier billet... (Les tenant chacune d'une main.) Deux lettres écrites à une heure de distance, et qui contiennent exactement le contraire... Ai-je bien fait d'écrire celle-ci ?... Ai-je eu raison d'écrire celle-là?... Évidemment l'une vaut mieux et est plus raisonnable que l'autre... mais laquelle?... (Il marche avec agitation en battant les lettres comme un jeu de cartes.) Au moment de prendre un parti décisif, je sens redoubler mon incertitude... Allons, le plus sage est je crois, d'envoyer... (Il les examine.) Voilà qui est étrange... Je me suis amusé à les battre, et je ne sais plus maintenant quelle est... Ah! voici bien celle que j'ai écrite d'abord .. et cette autre... Mais non, c'est tout le contraire; celle-ci... est certainement... Non, et plus j'examine, plus mon embarras... Quelle idée! Le hasard est parfois plus intelligent que nous... si dans le doute...

<hr>

SCÈNE XIV.

DUBOIS, LE COMTE.

DUBOIS.

Je viens demander à M. le comte s'il est toujours dans l'intention de partir.

LE COMTE, se promenant avec agitation.

Non.

DUBOIS.

Ainsi donc, c'est bien décidé, nous restons.

LE COMTE, de même, vivement.

Non.

DUBOIS.

Il faut bien cependant...

LE COMTE.

Approche, et prends une de ces lettres.

DUBOIS.

Laquelle ?

LE COMTE.

Celle que tu voudras... n'importe.

DUBOIS, à part.

Il paraît que nous jouons à la courte paille.

(Il prend une lettre.)

LE COMTE, déchirant l'autre.

Maintenant, cours la porter à la comtesse, et ta commission faite, reviens aussitôt me trouver.

DUBOIS.

Oui, monsieur...

LE COMTE.

Le sort en est jeté.... Qu'adviendra-t-il? Je l'ignore; mais, après tout, au petit bonheur! (Il sort par le fond.)

<hr>

SCÈNE XV.

DUBOIS, puis NÉRINE.

DUBOIS, regardant son maître sortir.

Au petit bonheur! Que signifie...? Je ne serais pas fâché de comprendre. (Apercevant Nérine.) Tu arrives à merveille.

NÉRINE.

As-tu du nouveau à m'apprendre ?

DUBOIS, montrant la lettre.

Non, mais je crois que j'en apporte... là-dedans.

NÉRINE.

De qui est cette lettre?

DUBOIS.

De mon maître... et j'ai ordre de la remettre à l'instant à la comtesse.

NÉRINE.

Impossible. •

DUBOIS.

Pourquoi ?

NÉRINE.

Madame est en conférence avec son frère et le marquis; et elle a expressément défendu de laisser pénétrer personne.

DUBOIS.

Voilà un contre-temps fâcheux.

NÉRINE.

Te doutes-tu de ce que peut contenir cette lettre?

DUBOIS.

Non; tout ce que je présume, c'est qu'elle renferme de ces choses qu'on n'ose pas dire aux gens en face.

NÉRINE.

Tu me fais peur.

DUBOIS.

Il se peut que ce soit une demande en mariage...

NÉRINE.

Tu me rassures.

DUBOIS.

Ou la signification d'un congé définitif.

NÉRINE.

Par exemple.

DUBOIS.

C'est l'un ou l'autre... et comme dans les deux cas la matière était assez difficile à traiter, le comte ne s'en est pas tenu à une première rédaction. Il a écrit deux lettres, entre lesquelles il n'a pas même osé choisir lui-même... Il me les a présentées, j'en ai tiré une, et aussitôt il a déchiré l'autre.

NÉRINE.

Mais, en vérité, tout cela ressemble à une énigme.

DUBOIS.

Et c'en est une; mais le mot est là (il frappe sur la lettre) et nous le saurons bientôt... Quelqu'un s'approche.

NÉRINE, courant au fond.

C'est le comte... Il a l'air tout agité.

DUBOIS.

Je tiens très-peu à ce qu'il me retrouve ici.

NÉRINE.

Viens; nous allons nous établir en sentinelle, et, dès que la comtesse sera libre, tu lui remettras ce mystérieux billet. (Ils sortent à gauche.)

<hr>

SCÈNE XVI.

LE COMTE, seul.

Je ne puis tenir en place... Le parc est désert... et dans les salons, personne... Dubois a sans doute remis ma lettre... Pourquoi ne revient-il pas? Lui

fait-on attendre la réponse ?... Je me perds en con-
jectures... Si encore je savais ce que j'ai écrit !!!
Comment une si folle idée a-t-elle pu germer dans
une tête raisonnable ? Confier au hasard le bonheur
de ma vie... Ah ! vraiment, j'en ai honte... Si la
comtesse pouvait savoir... que penserait-elle d'un
homme qui, dans une circonstance aussi grave, ne
sait pas prendre résolument un parti, et qui fait du
sort aveugle l'arbitre de sa destinée ?... (Après une
pause.) Si cependant Dubois avait choisi ma seconde lettre... je n'aurais pas trop à me repentir de
ma folie... et... Ciel ! la comtesse !!!

SCÈNE XVII.
LA COMTESSE , LE COMTE.

LA COMTESSE, à part en entrant.
Voilà une entrevue dont je garderai un long souvenir. (Au comte, en s'approchant.) Eh ! bien, mon
cousin, vous avez vu le marquis... Sans doute, il
vous a suffi de quelques instants pour apprécier le
noble personnage ?

LE COMTE.
Mais, comtesse...

LA COMTESSE.
Vous hésitez... Oui , je comprends votre embarras... On n'aime pas à dire la vérité lorsqu'elle
ressemble à une calomnie... Par bonheur, je puis
vous dispenser de me dire votre opinion... La
mienne est faite.

LE COMTE.
Ainsi... vous êtes décidée.

LA COMTESSE.
A rien encore... (Le regardant) J'attends.

LE COMTE, à part.
Dubois n'a pas remis ma lettre.

LA COMTESSE.
Mon frère et M. de Nujac sont en ce moment
aux prises, débattant les intérêts respectifs des fu-
turs conjoints... Déjà même ils ont établi quelle
part aurait mon mari en cas de survie, et quelle
autre ferait retour à ma famille, c'est-à-dire, au
président ou à mon neveu l'auditeur... Vous ne vous
figurez pas le sans-gêne avec lequel ils me dépos-
sèdent... Meubles, immeubles, argent, contrats de
rente, ils font main basse sur tout... et pour peu que
je voulusse m'y prêter... Mais grâce au ciel je sais
maintenant à quoi m'en tenir sur l'amitié de mon
frère et l'amour du marquis; aussi ils peuvent,
tout à leur aise, établir leurs calculs et grouper
leurs chiffres, je garantis qu'ils ne trouveront qu'un
double zéro pour tout produit... Quelle honte !!...
Mais, je l'avoue, ce qui m'a particulièrement frappée
dans ce débat, c'est que le grand-seigneur a montré
une intelligence d'homme d'affaires égale au moins
à celle de l'homme de robe... Le noble marquis tient
à m'avoir à discrétion , pour me traiter sans doute
en province conquise.

LE COMTE.
Je crains en effet qu'ils n'aient pensé à ce mariage qu'en vue des avantages qu'ils en peuvent ti-
rer... mais qu'à vous, aucun d'eux n'y songe.

LA COMTESSE, tristement.
Ni eux ni personne, je commence à m'en aperce-
voir.

SCÈNE XVIII.
DUBOIS, LA COMTESSE, LE COMTE.

DUBOIS, entrant précipitamment.
Pardon, madame la comtesse, mais je craignais
de ne pas vous rencontrer encore ici.

LA COMTESSE.
Que veux-tu, Dubois ?

DUBOIS.
Vous remettre cette lettre... Vous aviez fait dé-
fendre votre porte, et malgré mon zèle...

LA COMTESSE.
De qui vient cette lettre ?

DUBOIS, montrant son maître.
De M. le comte.

LA COMTESSE.
De vous... mon cousin ?

LE COMTE , avec embarras.
Oui... comtesse ; c'est moi qui...

LA COMTESSE, avec étonnement.
Ah! c'est... (A Dubois.) Merci, Dubois, merci.
(Elle lui fait signe de se retirer.)

DUBOIS , s'en allant.
C'est drôle... mon maître a l'air de n'être pas du
tout à son aise.
(Il sort.)

SCÈNE XIX.
LA COMTESSE , LE COMTE.

LA COMTESSE, considérant la lettre qu'elle tourne et retourne entre ses doigts.
Ah! cette lettre est de vous, mon cousin.

LE COMTE.
De moi... en effet... Je... je craignais que votre
conférence ne se prolongeât... et comme...

LA COMTESSE.
Ce que vous aviez à me dire était pressé et im-
portant, vous n'avez pas voulu attendre...

LE COMTE.
Précisément...

LA COMTESSE.
Je vous suis très-reconnaissante d'un pareil empressement.

LE COMTE.
Eh ! mais vous n'avez aucun gré à me savoir
d'une chose toute simple... J'ai cru devoir vous
écrire... afin que vous fussiez plus tôt instruite de
certaine chose... que d'abord il m'avait semblé utile
de vous communiquer... sans aucun retard... parce
que... Non pas certainement que je n'eusse pu attendre... peut-être même eussé-je mieux fait... à
présent, je le crois... mais que voulez-vous... j'ai
suivi ma première idée... obéi à un premier mou-
vement...

LA COMTESSE.
Et vous avez bien fait... Mais vous me paraissez
contrarié... pourquoi ?... De tout ceci, croyez-le,
il ne peut résulter pour moi qu'un double plaisir...
celui de vous entendre d'abord et de vous lire ensuite.

LE COMTE.
Vous êtes vraiment trop bonne... comtesse...
et...

LA COMTESSE.

Trop bonne !! Vous avez aujourd'hui des maniè-
res et des expressions singulières... Mais voyons,
dites-moi sans plus tarder quelles choses renferme
ce billet... je vous écoute : parlez, parlez vite.

LE COMTE.

Vous... vous tenez donc beaucoup...

LA COMTESSE.

Infiniment.

LE COMTE.

C'est qu'il faudrait tout d'abord vous expliquer...
quelle raison m'a engagé à vous écrire...

LA COMTESSE.

Alors, commencez par là .. mais de grâce,
parlez.

LE COMTE.

Rien ne me serait plus facile... et... Cependant,
je dois vous l'avouer, une chose m'arrête...

LA COMTESSE.

Laquelle ?

LE COMTE.

Je crains que vous ne vous rendiez pas bien
compte... des motifs qui m'ont fait agir... et que
ma conduite... enfin... ne vous semble étrange.

LA COMTESSE.

Pourquoi ?

LE COMTE.

Pourquoi, pourquoi ?... mais je vous l'ai dit.

LA COMTESSE.

A moi..? mais vous ne m'avez rien dit, absolument rien.

LE COMTE.

Cependant l'explication que je viens de vous donner...

LA COMTESSE.

Assurément vous voulez rire.

LE COMTE.

Je n'en ai pas la moindre envie.

LA COMTESSE.

En ce cas, je n'y comprends rien...

LE COMTE.

Eh ! mais en vérité, ma cousine...

LA COMTESSE.

Eh ! mais en vérité, mon cousin... il se passe en
vous quelque chose d'extraordinaire... Vous d'habitude si franc, si ouvert... vous êtes gêné dans
vos paroles, embarrassé dans vos mouvements...
on dirait un homme qui hésite et qui craint de se
compromettre... Que pouvez-vous redouter? En
tout temps ici vos sentiments ont prévalu... Croyez-
vous qu'en un moment mes dispositions aient pu
changer, et qu'aujourd'hui votre voix soit moins
puissante et mon amitié moins docile ?... Non, je
suis restée la même... je sens en mon cœur autant
et plus de confiance que jamais... Parlez donc... Ce
moment doit décider du bonheur ou du malheur
de ma vie... Quel parti prendre? je l'ignore... J'ai
besoin d'être éclairée de vos conseils... ah ! mon
cousin, ne me les refusez pas... Quoi que vous
puissiez ordonner, je m'y soumets d'avance... Décidez, commandez, parlez, que dois-je faire ?

LE COMTE, avec exaltation.

Oh ! vous êtes un ange, et moi, un malheureux
insensé... Mais que puis-je vous dire ? rien... car
vous devez ignorer toujours... Par grâce, ma cousine... cette lettre... rendez-moi cette lettre...

LA COMTESSE.

Eh ! quoi ?... Vous voulez...

LE COMTE.

Je vous en conjure, rendez-la moi.

LA COMTESSE.

Vous avez une façon de me la demander qui me
fait peur... Si pourtant, après me l'avoir écrite...
vous craignez que je ne la lise... (la lui tendant) tenez,
comte (la retirant vivement)... Mais non, non, cette
lettre vient de vous... elle est pour moi ; quoi qu'elle
puisse renfermer, je veux, je dois le savoir.

LE COMTE, vivement, à la comtesse qui va briser le
cachet.

Ah !... pas maintenant, pas devant moi.

LA COMTESSE.

Soit !

LE COMTE.

Je vous laisse, ma cousine ; mais je vous en supplie, n'attachez pas à ce billet trop d'importance...
S'il est en contradiction avec vos idées, en opposi-
tion avec vos sentiments, regardez-le comme non
avenu, et pardonnez-le moi, car d'avance je le désavoue... Lisez-le... mais ensuite interrogez votre
cœur et suivez ses inspirations... Quelque parti que
vous preniez alors, n'en doutez pas, vous n'en sau-
riez avoir ni regret ni repentir... Adieu.

(Il sort.)

SCÈNE XX.

LA COMTESSE seule.

Que signifie tout ceci?... et que contient ce billet?
Pour que le comte n'ait pas osé parler... pour qu'il
ait craint de me voir lire devant lui... ce qu'il ne
m'a écrit sans doute qu'après un pénible effort... il
faut donc...

SCÈNE XXI.

NÉRINE, LA COMTESSE.

LA COMTESSE, apercevant Nérine.

Ah ! Nérine, viens, accours.

NÉRINE.

Eh ! mon Dieu... comme vos traits sont altérés,
madame.

LA COMTESSE.

Ah ! ma bonne Nérine...

NÉRINE.

Des larmes roulent dans vos yeux... Que s'est-il
donc passé... qu'avez-vous ?

LA COMTESSE.

Le désespoir dans le cœur.

NÉRINE.

Quoi ! est-ce que le comte...

LA COMTESSE.

Il ne m'aime pas, Nérine ; il ne m'a jamais
aimée.

NÉRINE.

Il vous l'a dit ?

LA COMTESSE.

Fait-on un semblable aveu ?

NÉRINE.

Ce n'est donc qu'une appréhension ?

LA COMTESSE.

Un cœur aimant a un instinct qui rarement le trompe.

NÉRINE.

On prend si souvent pour des pensées du cœur les folles idées d'un cerveau malade.

LA COMTESSE.

Va, ma tête est calme.

NÉRINE.

Oh! très-calme... ça se voit de reste... Mais enfin sur quoi a roulé l'entretien que vous venez d'avoir ensemble?...

LA COMTESSE.

Sur une lettre que Dubois m'a apportée.

NÉRINE.

Elle contient donc des choses bien graves.

LA COMTESSE.

Oh! très-graves... sans doute.

NÉRINE.

Madame... peut-elle me dire...

LA COMTESSE.

Hélas! non.

NÉRINE.

Pourquoi?

LA COMTESSE.

C'est que... cette lettre...

NÉRINE.

Eh! bien?

LA COMTESSE.

Je ne l'ai pas encore lue.

NÉRINE.

Vous ne l'avez pas lue!!!

LA COMTESSE.

Le comte m'a suppliée de ne pas l'ouvrir devant lui... et depuis je ne m'en suis senti ni la force ni le courage.

NÉRINE.

S'affliger comme vous le faites sans savoir pourquoi... c'est vraiment inconcevable... Qu'est devenue cette lettre?

LA COMTESSE, la lui tendant.

La voici.

NÉRINE, prenant la lettre.

Au lieu de me briser la tête, moi, il y a longtemps que j'aurais tout simplement brisé ce cachet-là... (Elle le brise.) Voilà qui est fait... Tenez, madame, prenez et lisez sans tarder davantage.

LA COMTESSE.

Je n'ose pas.

NÉRINE.

Allons, allons, ayez confiance... Quelque chose me dit que vous allez être surprise agréablement.

LA COMTESSE.

Tu le veux?

NÉRINE.

Sans doute... (A part, pendant que la comtesse lit.) C'est singulier, voilà la peur qui me prend... si...

LA COMTESSE.

Nérine... ma bonne Nérine!!!

NÉRINE.

Qu'avez-vous? qu'y a-t-il?

LA COMTESSE.

Oh! c'est à en devenir folle de joie.

NÉRINE.

Eh! quoi? ce que j'avais prédit...

LA COMTESSE.

Était vrai... Nérine!

NÉRINE.

Ainsi donc, il vous aime...

LA COMTESSE.

Et moi qui en ai douté... Oh! je veux sans retard m'en accuser devant lui... je veux de ce pas... O mon Dieu, que je suis heureuse!!! Et j'ai gardé cette lettre sans oser l'ouvrir... et mon cœur ne m'a pas dit... Fiez-vous donc aux pressentiments... Oh! je ne l'ai lue qu'une fois... je veux la relire encore.

NÉRINE, d'un air suppliant.

Tout haut, madame.

LA COMTESSE.

Volontiers... et puis... moi-même, je ne serai pas fâchée d'entendre... (Elle lit.)

« Ma chère cousine,

« D'après notre conversation de ce matin, je dois « vous paraître le plus haïssable de tous les hom- « mes... »

Quelle idée! moi, lui en vouloir de sa franchise, de son noble langage!

NÉRINE.

Je puis au besoin rendre bon témoignage du contraire.

LA COMTESSE, continuant.

« C'est à deux genoux qu'en ce moment je ré- « clame mon pardon. »

A deux genoux!

NÉRINE.

Il fait toujours bien les choses.

LA COMTESSE, continuant.

« Si vous trouvez dans votre cœur assez d'indul- « gence pour me pardonner, soyez encore assez « bonne pour ne pas repousser l'offre de ma « main... »

NÉRINE, vivement.

Silence... le marquis...

LA COMTESSE, fermant la lettre.

Il arrive bien.

<hr>

SCÈNE XXII.

LA COMTESSE, LE MARQUIS, NÉRINE.

LE MARQUIS, du fond, à gauche.

La comtesse me semble fort mal disposée... et je crains bien...

LA COMTESSE.

Ah! c'est vous, M. le marquis.

LE MARQUIS.

Oui, madame, c'est moi... qui...

LA COMTESSE.

Je suis vraiment enchantée de vous revoir.

LE MARQUIS.

Vous ne doutez pas... certainement... que de mon côté...

LA COMTESSE.

Eh! bien... où en êtes-vous... avez-vous pu enfin tomber d'accord avec mon frère... et ce projet de contrat...

LE MARQUIS.

Est arrêté d'une manière à peu près définitive... sauf, bien entendu, les objections qui de votre part...

LA COMTESSE.

Oh ! je n'en ferai aucune... je vous jure.

LE MARQUIS, étonné.

Comment, madame !...

LA COMTESSE.

Quand viendra le moment de signer... je ne me préoccuperai ni des dispositions générales, ni des articles particuliers de l'acte que vous venez de dresser.

LE MARQUIS, à part.

Quel changement !

LA COMTESSE.

Vous avez dû trouver étrange que tout à l'heure je vous aie quittés si brusquement.

LE MARQUIS.

Mais non... non... J'ai compris, quant à moi, tout ce que devaient avoir d'ennuyeux pour vous une foule de préliminaires obligés en parcille circonstance.

LA COMTESSE.

Il est vrai... ces discussions préalables...

LE MARQUIS.

Sont toujours tristes, surtout pour les intéressés... Mais il faut bien se résigner, puisque c'est seulement au moyen des débats de la veille qu'on peut assurer le bonheur du lendemain.

LA COMTESSE.

C'est bien dit.

LE MARQUIS.

Vous comprenez, n'est-ce pas ?

LA COMTESSE.

Oh! très-bien... Mais mon frère, en ce moment, que fait-il?

LE MARQUIS.

Il rédige, pour vous la soumettre, la dernière minute...

LA COMTESSE.

Je vais le retrouver... car il me tarde de le remercier... Ce qui m'arrive d'heureux... c'est à lui que je le dois.., et un peu à vous... marquis.

LE MARQUIS, s'inclinant.

Croyez bien, madame, que je suis ravi...

LA COMTESSE.

Pas plus que moi... certainement... et je vous ai plus d'obligation que vous ne pensez.

LE MARQUIS.

Tant de bonté...

LA COMTESSE.

Je veux que le président sache au plus tôt que rien ne s'oppose maintenant à ses projets... Cette lettre, que je n'attendais pas... et que je reçois à l'instant, a levé tous les obstacles.

LE MARQUIS.

De quelque part qu'elle vienne... je dois de la reconnaissance à...

LA COMTESSE.

C'est moi que cela regarde... et je ne serai point ingrate... Au revoir, marquis.

LE MARQUIS, lui offrant la main.

Permettez, comtesse... (Il la conduit jusqu'au fond et la salue profondément.)

SCÈNE XXIII.

LE MARQUIS, NÉRINE.

LE MARQUIS, revenant.

D'honneur, on n'est pas plus heureux que moi...

NÉRINE, souriant.

Le pauvre homme, il me fait vraiment de la peine...

LE MARQUIS.

Et du diable, si je m'attendais à voir les choses s'arranger si vite et surtout si bien... (A Nérine, qui s'éloigne.) Ah! Nérine... rien qu'un mot.

NÉRINE.

Monsieur le marquis ?

LE MARQUIS.

Tu sauras, ma toute belle, que ton agaçant minois m'a séduit tout d'abord... et qu'il ne tiendra pas à moi que bientôt nous ne soyons au mieux ensemble.

NÉRINE.

Monsieur le marquis me fait beaucoup d'honneur.

LE MARQUIS.

Eh! bien, je t'en ferai davantage un jour, si tu veux me servir.

NÉRINE.

Que puis-je faire..?

LE MARQUIS.

Va retrouver ta maîtresse... affermis-la dans ses résolutions... et si j'épouse...(Lui frappant sur la joue.) je ne te dis que ça.

NÉRINE.

Le parti qu'a pris madame est, je crois, irrévocable... mais si elle pouvait hésiter encore... comptez sur moi pour la fixer dans ses irrésolutions.

LE MARQUIS, à Nérine qui s'éloigne.

Tu es charmante. (Il lui envoie un baiser.)

(Nérine sort.)

SCÈNE XXIV.

LE MARQUIS seul.

Je sens que je deviendrai fou de cette fille-là... Allons, voilà pour moi une vraie journée d'or... Ah! si j'avais pu prévoir ce revirement de fortune... j'aurais fait moins de concessions à cet arabe de président... Mais, bast! pas de frivoles regrets... sachons jouir dans toute sa plénitude du bonheur inespéré que le ciel nous envoie. (Il traverse la scène à grands pas.)

SCÈNE XXV.

LE COMTE, LE MARQUIS.

LE COMTE, du fond.

Il faut absolument que je sorte de cette incertitude... (Apercevant le marquis.) Eh! Monsieur le marquis, d'où vous vient cette agitation... que vous est-il arrivé?

LE MARQUIS, toujours marchant.

Un bonheur inconcevable, cher comte... Vous voyez un homme transporté, ravi... Ah! je suis...

LE COMTE.

Vous êtes...

LE MARQUIS.

Dans l'enchantement... au comble de l'ivresse... Et penser qu'il n'y a qu'un moment je croyais tout désespéré, perdu...

LE COMTE.

Que signifie...?

LE MARQUIS.

Ah ! le cœur des femmes est vraiment inexplicable... on croit y savoir lire... quelle folie !

LE COMTE.

Eh ! quoi... la comtesse...

LE MARQUIS.

D'abord... j'ai été reçu... Dieu ! quelle politesse froide, quel dédain de grande dame !.. C'est au point que je me suis senti tout à fait décontenancé...

LE COMTE.

Ah ! vraiment.

LE MARQUIS.

Par bonheur, je n'ai pas perdu la tête... et bientôt, déployant tous mes avantages... j'ai fait feu de tout mon esprit.

LE COMTE.

Et cela vous a réussi !

LE MARQUIS.

Pas du tout... Il paraît que j'étais dans un de mes mauvais jours... Mais, par un hasard merveilleux, le président, qui d'ordinaire ne comprend rien, a compris qu'il était urgent de me venir en aide... Il a déployé le projet de contrat... et il en a commencé la lecture... Je me suis alors un peu remis... et tout semblait aller au mieux, lorsque la comtesse s'est levée et nous a plantés là brusquement, en nous priant de continuer sans elle.

LE COMTE, à part.

Ah ! je respire !

LE MARQUIS.

Le président et moi nous étions convaincus que nous prenions une peine inutile... Eh ! bien, pas du tout, en un instant les choses ont fait volteface... et au moment même de sombrer, le navire qui portait ma fortune est entré au port, vent en poupe.

LE COMTE.

Que voulez-vous dire ?

LE MARQUIS.

Que tout est convenu, arrêté... et qu'enfin j'épouse.

LE COMTE.

Vous ! ! !

LE MARQUIS.

Moi ! Une bien heureuse lettre, venue je ne sais d'où .. a causé ce brusque changement.

LE COMTE, à part.

Ma lettre... Elle a reçu la première ! ! !

LE MARQUIS.

« J'hésitais encore, m'a dit la comtesse de son « air le plus charmant... mais ce billet, qui m'arrive à l'instant, fixe mes irrésolutions, et rien ne « s'oppose plus au projet de mon frère. »

LE COMTE, à part.

Tout est perdu !

LE MARQUIS.

Quel que soit l'auteur de cette lettre... si je le découvre jamais... à coup sûr je ne lui épargnerai pas les remercîments.

LE COMTE.

Il vous en dispense, Monsieur le marquis.

LE MARQUIS.

Pourquoi cela ?

LE COMTE.

Pourquoi ?... Parce que vous n'épouserez pas la comtesse.

LE MARQUIS.

Oh ! ne plaisantons pas, je vous prie.

LE COMTE.

Je parle sérieusement... et je vous le répète, vous n'épouserez pas la comtesse.

LE MARQUIS.

Et qui m'en empêchera ?

LE COMTE.

Moi !

LE MARQUIS.

Et la raison ?

LE COMTE.

La raison ?... C'est que je l'aime.

LE MARQUIS.

S'il n'y a pas d'autre obstacle...

LE COMTE.

Monsieur le marquis !

LE MARQUIS.

Ne nous emportons pas, je vous prie... L'empêchement que vous m'alléguez n'est pas sérieux... Vous aimez, c'est bien... mais moi, j'épouse, c'est mieux... Ces choses-là arrivent tous les jours.

LE COMTE.

Beaucoup de gens, je le sais, ont la lâcheté de le souffrir... Quant à moi, rien ne me coûtera pour l'empêcher.

LE MARQUIS.

Et que ferez-vous donc ?

LE COMTE.

Ce que je ferai...? Eh ! parbleu, s'il le faut, je vous tuerai.

LE MARQUIS.

Au fait, c'est un moyen.

LE COMTE.

Dont j'userai, si vous m'y forcez.

LE MARQUIS.

Allons donc... Se battre pour une maîtresse, je le comprendrais... Mais pour une femme, ce serait du dernier ridicule... J'ai eu trente duels au moins... et cela me semble suffisant... D'ailleurs, aujourd'hui je ne puis risquer ma vie sans compromettre les intérêts d'une foule de gens tout à fait respectables.

LE COMTE.

De vos créanciers ?

LE MARQUIS.

Vous l'avez dit... Or, comme c'est par eux que depuis longtemps j'existe, je suis pour eux dans l'obligation de vivre le plus longtemps possible.

LE COMTE.

A votre tour, vous comprendrez que cette considération n'en est pas une pour moi... Je vous le déclare donc, si vous ne renoncez pas à la main de la comtesse, vous ne sortirez pas vivant de cette maison... Je vous donne une heure... Jusque-là, je vous attendrai à l'extrémité du parc... Et si vous ne venez pas m'y rejoindre, c'est moi qui viendrai vous chercher.

LE MARQUIS, à part.

J'ai bien vu des amoureux fous... mais je n'en avais pas encore vu d'enragés.

SCÈNE XXVI.

LE MARQUIS, LA COMTESSE, LE COMTE, NÉRINE.

NÉRINE, à la comtesse qui la suit.

Monsieur le comte est ici, madame.

LA COMTESSE, entrant rapidement, au comte.

Ah! mon cousin, je vous trouve enfin!

LE COMTE, sévèrement.

Et moi, j'allais vous chercher comtesse; car il est essentiel que je m'explique avec vous au sujet d'une lettre que je vous ai écrite.

LA COMTESSE.

La voilà, cette lettre... et je viens à l'instant de la communiquer à mon frère.

LE MARQUIS, à part.

Eh! quoi, c'était lui...

LE COMTE.

Eh! bien, sachez-le, ce billet, par suite duquel vous vous êtes empressée de prendre une résolution... définitive... maintenant, je le désavoue.

LA COMTESSE.

Vous, comte!

LE MARQUIS, à part.

Et moi qui voulais le remercier.

LE COMTE.

Oui, j'en démens tous les termes... Lorsque je l'ai écrit, j'avais mal compris ce qui se passait en moi... mais, depuis ce moment... le jour s'est fait dans mon esprit et dans mon cœur... et, à présent, je rougis de vous l'avoir adressé. ·

LA COMTESSE.

Suis-je bien éveillée... et est-ce vous, en effet, que j'entends?

LE COMTE.

Si je vous parle ainsi, c'est pour que vous ne m'imputiez pas un jour le malheur de toute votre vie... Le mariage que vous alliez conclure... vous n'y consentiez qu'à cause de moi... Eh! bien, je dois vous dire et vous déclarer, en face de monsieur, que cette union est impossible, et qu'elle ne s'accomplira pas.

LE MARQUIS, à part.

On n'est pas plus obstiné.

LE COMTE, à la comtesse.

Vous ne comprenez pas que mes idées aient pu changer si promptement... Si cela est arrivé, croyez que c'est malgré moi... On m'a contraint à penser, à parler comme je le fais, (regardant le marquis) à agir comme je vais le faire... Et s'il doit résulter, de ce qui se passe ici, quelque chose de funeste... ce n'est pas sur moi qu'en retombera la responsabilité... Adieu, comtesse. (Au marquis.) Je vais vous attendre, monsieur. (Il sort.)

SCÈNE XXVII.

LE MARQUIS, LA COMTESSE, NÉRINE.

LA COMTESSE, dans le plus grand accablement.

Je reste anéantie!! Subir de sa part un si sanglant outrage... et cela, quand, toute joyeuse, j'accourais lui dire... Oh! dussé-je en avoir un éternel regret, je tirerai vengeance de cet affront. (Allant au marquis.) Monsieur le marquis...

LE MARQUIS.

Madame?

LA COMTESSE.

Il faut que dans une heure le contrat que vous avez dressé soit signé.

LE MARQUIS.

Dans une heure?

LA COMTESSE.

Vous avez raison... Le moindre retard serait une faiblesse... et c'est à l'instant...

LE MARQUIS.

Permettez, comtesse... une pareille précipitation...

LA COMTESSE.

Comment?... Hésiteriez-vous.

LE MARQUIS.

Non pas... car je suis tout à fait décidé... à attendre.

LA COMTESSE.

A attendre... et quoi donc, monsieur?

LE MARQUIS.

D'abord que vous soyez bien sûre de vos résolutions... ensuite qu'il me soit prouvé qu'on peut se marier au moins... tranquillement.

LA COMTESSE.

Que pouvez-vous craindre?

LE MARQUIS.

Les gracieuses paroles de votre cousin ont dû vous le faire comprendre.

LA COMTESSE.

Eh! monsieur, dans tout ce qu'a dit le comte, il n'y a pas un seul mot qui vous concerne.

LE MARQUIS.

Pas un mot!... Et quand il menace de me tuer... est-ce que cela ne s'adresse pas personnellement à moi, je vous prie?

LA COMTESSE.

De vous tuer!!

LE MARQUIS.

Il l'a juré... et il m'a l'air tout à fait disposé à tenir sa parole.

LA COMTESSE.

Que signifie tout ceci?

LE MARQUIS.

Je l'ignore. Au moment où vous veniez de me quitter, il entre; je lui annonce avec empressement que vous m'aviez déclaré de la façon la plus aimable que vous étiez prête à vous rendre aux désirs de votre frère, que, grâce à une lettre que vous veniez de recevoir, vous n'hésitiez plus, et qu'enfin notre mariage était convenu, arrêté.

LA COMTESSE.

Notre mariage!! Vous lui avez dit cela?

LE MARQUIS.

Je n'ai pas cru devoir lui faire un mystère de ce qui m'arrivait d'heureux... Un parent, c'est tout simple... J'ai pensé qu'il en serait enchanté... Ah! bien, oui... il est entré dans une colère... Enfin peu s'en est fallu qu'il ne m'ait sauté à la gorge.

NÉRINE, à part.

Pourquoi s'en est-il fallu!

LA COMTESSE.

Ainsi, il croit que c'est vous que j'allais épouser?

LE MARQUIS.

Puisque je le lui ai dit, il n'en peut pas douter.

LA COMTESSE, à part.

Je respire.

NÉRINE, à part.

Je conçois le plaisir que ça a dû lui faire.

LE MARQUIS.

Si je m'étais imaginé qu'il eût pour vous un amour... furieux, je me serais bien gardé de lui rien dire... mais comme je ne lui supposais qu'une amitié sans conséquence, j'ai été tout lui confier... Bien m'en a pris, vraiment.

LA COMTESSE.

Ainsi, marquis, vous croyez qu'il m'aime?

LE MARQUIS.

Si je le crois... mais il vous aime d'une manière... tout à fait dangereuse... aussi, par prudence, je suis d'avis de ne rien précipiter.

LA COMTESSE.

Différer est maintenant impossible... après ce qui s'est passé... surtout. D'ailleurs, mon frère exige qu'aujourd'hui tout soit terminé.

LE MARQUIS.

Votre frère... votre frère... il en parle à son aise, lui! il ignore qu'avant de signer, il faut se battre.

LA COMTESSE.

Se battre!

LE MARQUIS.

Oui, se battre... Savez-vous où est en ce moment votre aimable cousin?

LA COMTESSE.

Où donc?

LE MARQUIS.

Au bout du parc... où il m'attend, avec des armes.

LA COMTESSE.

Vous n'irez pas.

LE MARQUIS.

C'est bien mon intention.

LA COMTESSE.

Vous exposer pour moi, je ne le souffrirais pas certainement.

LE MARQUIS.

Ni moi non plus, je vous le proteste.

SCÈNE XXVIII.

LE MARQUIS, LA COMTESSE, DUBOIS, NÉRINE.

DUBOIS, à la comtesse.

Pardon, madame, c'est à M. le marquis que je désirerais parler.

LA COMTESSE.

Que lui veux-tu, Dubois?

DUBOIS.

O! mon Dieu, presque rien... Il paraît que mon maître avait invité M. de Nujac à faire avec lui une petite promenade dans le parc... et comme M. le marquis semble avoir oublié ce rendez-vous, M. le comte, qui s'impatiente, m'envoie le prier...

LE MARQUIS.

C'est bien... c'est bien... Va dire à ton maître que pour le moment il ne m'est pas possible...

SCÈNE XXIX.

LE MARQUIS, LA COMTESSE, LE COMTE, DUBOIS, NÉRINE.

LE COMTE, du dehors, avec force.

Dubois... reviens... le marquis...

LE MARQUIS.

Bon! le voilà qui accourt tout rugissant... Il est capable de m'assassiner ici devant tout le monde.

LA COMTESSE.

Soyez sans crainte... je vous promets de le calmer.

LE COMTE, entre vivement et se précipite aux genoux de la comtesse.

O! ma cousine! permettez-moi d'implorer ma grâce à vos genoux... Le président vient de m'expliquer... je sais tout maintenant... Ma lettre... Oh! vous ne pouvez comprendre tout ce que j'ai souffert... mais vous aurez pitié de moi, et en faveur de mon amour, vous pardonnerez à un moment d'erreur.

LA COMTESSE.

Faut-il donc pardonner tout de suite?

LE COMTE.

Ma seule faute, c'est d'avoir cru aux paroles de monsieur... et si vous me tenez rigueur, c'est lui...

LA COMTESSE.

Comte, il n'est ici de coupable que moi... Quand j'ai reçu votre lettre, j'en conviens, je me suis sentie si heureuse que j'ai cru follement qu'on ne pouvait se tromper sur la véritable cause de mon bonheur... C'est moi qui ai fait le mal, et c'est moi qui dois le réparer... Voici ma main.

LE COMTE, la saisissant et y déposant un baiser.

Ah! comtesse!!!

LE MARQUIS.

Eh! quoi, c'est le comte que vous épousez?

LA COMTESSE.

Pour qu'il ne cherche pas querelle à mon mari.

LE COMTE, passant près du marquis.

Convenez qu'on ne pouvait trouver de meilleur moyen.

LE MARQUIS, avec humeur.

Oui, c'est vraiment très-ingénieux. (A demi-voix.) Voilà un dénoûment auquel je ne m'attendais pas.

LE COMTE, à demi-voix au marquis.

Et qui est fâcheux... pour vos créanciers.

LE MARQUIS.

Bast! ils attendront, ils en ont l'habitude.

SCÈNE XXX.

LES PRÉCÉDENTS, UN DOMESTIQUE

LE DOMESTIQUE.

M. le président demande si M. de Nujac retourne avec lui à Paris.

LE MARQUIS.

Sans doute... je n'ai plus rien à faire ici... et puisqu'il m'a amené, c'est bien le moins qu'il me remmène... (Saluant.) M. le comte... Mme la comtesse... (A part.) Enfin, c'est égal... j'ai fait un voyage d'agrément. (Il sort.)

SCÈNE XXXI.

LE COMTE, LA COMTESSE, DUBOIS, NÉRINE.

DUBOIS, avec un soupir.

Mes pauvres quinze cents livres!

LE COMTE.

Je me charge de cette dette.

DUBOIS.

Ah! Monsieur le comte, que de bonté!

LE COMTE, à la comtesse, à demi-voix.

Rentrons chez vous, comtesse, car, avant tout, j'ai un aveu à vous faire.

LA COMTESSE, de même.

Est-ce qu'il vous coûte?

LE COMTE, de même.

Non... et puis je compte sur votre indulgence.

LA COMTESSE, de même.

Vous avez raison... Je suis si heureuse!!!

(Ils sortent.)

SCÈNE XXXII.

NÉRINE, DUBOIS.

NÉRINE.

Et penser que leur bonheur est en partie notre ouvrage!

DUBOIS.

Dis donc, Nérine, ne te sentirais-tu pas disposée à travailler en ce genre-là pour ton propre compte?

NÉRINE.

Je ne demanderais pas mieux... mais...

DUBOIS.

Écoute, grâce à la générosité de mon maître... mon magot s'est considérablement embelli... si tu veux, je te l'offre.

NÉRINE.

Eh! quoi, tu consentirais à t'en défaire en ma faveur?

DUBOIS.

Du tout... Quand je te dis que je te l'offre... ça veut dire...

NÉRINE, riant.

Ah!!! que tu m'en offres deux.

DUBOIS.

Comment, deux?

NÉRINE, lui tendant la main.

Eh! bien, soit, j'accepte... Depuis longtemps tu m'avais gagné le cœur... et je t'aurais pris sans argent.

DUBOIS.

Franchement, tu n'aurais pas même fait un mauvais marché.

NÉRINE.

Touche donc là... Ma foi, ça finit mieux que ça n'avait commencé... Ce matin tout le monde était triste ici... et maintenant...

DUBOIS.

Il y a du bonheur partout... depuis le salon jusqu'à l'antichambre.

(La toile tombe.)

Paris. — Typographie de Firmin Didot frères, rue Jacob, 56.

Ouvrages dramatiques du même Auteur

L'UNE POUR L'AUTRE

COMÉDIE EN UN ACTE EN PROSE

Prix : 50 centimes

LE MARI MALGRÉ LUI

COMÉDIE EN UN ACTE EN PROSE

Prix : 50 centimes

UNE NUIT CHEZ PUTIPHAR

DRAME BIBLIQUE EN VERS; — VIGNETTE

Prix : Un franc.

Paris. — Typographie de Firmin Didot Frères, rue Jacob, 56

www.ingramcontent.com/pod-product-compliance
Lightning Source LLC
Chambersburg PA
CBHW051301050726
47595CB00008B/3368